7.
Lk 14/74.

VISITE

AU

CHÊNE DE SAINT VINCENT-DE-PAUL

ET

A N.-D. DE BUGLOSE.

VISITE

AU

CHÊNE DE SAINT-VINCENT-DE-PAUL

ET

A NOTRE-DAME DE BUGLOSE,

PAR LES MEMBRES DES CONFÉRENCES DE LA CIRCONSCRIPTION
DE BORDEAUX,

Le Dimanche 22 Juin 1856.

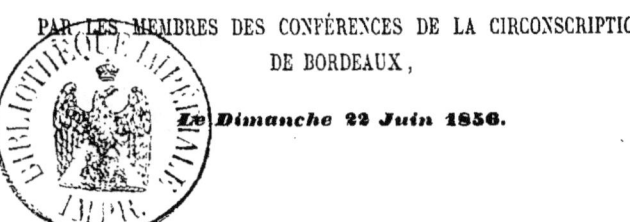

Au Profit des Pauvres : — Prix : 25°

SE TROUVE A BORDEAUX :

AU SECRÉTARIAT	CHEZ TH. LAFARGUE,
de la Société de Saint-Vincent-de-Paul,	Imprimeur - Libraire et M^d de papiers,
RUE SAINT-CHRISTOLY, 8.	RUE PUITS DE BAGNE-CAP, 8.

1856.

Les Conférences de Saint-Vincent-de-Paul de la circonscription du Conseil central de Bordeaux ont enfin réalisé le projet qu'elles avaient formé depuis longtemps, d'aller visiter le berceau de leur saint Patron.

Le Dimanche 22 Juin, fête de saint Paulin, un train spécial du Chemin de fer partait de la gare Saint-Jean, à cinq heures du matin, emportant sous la conduite de Monseigneur Dupuch, premier Évêque d'Alger, 390 pélerins, accompagnés de notre directeur M. Gignoux, vicaire-général de Bordeaux, de M. Dudouble, archiprêtre de l'Église Métropolitaine, de MM. Dasvin de Boismarin, Cirot de La Ville, Hirigoyen, directeur de l'*OEuvre des Jeunes Apprentis*, et de plusieurs autres ecclésiastiques de la ville et du diocèse, tous heureux en se mêlant à nous, de nous témoigner l'intérêt bienveillant qu'ils portent à notre Société.

N'oublions pas de mentionner la présence parmi nous de M. Duvignaud, commissaire du Gouvernement près les Chemins de fer, et de M. Saige, Ingénieur en chef, tous deux nos confrères, qui avaient bien voulu se faire les surveillants officieux du convoi et s'associer au pèlerinage. Nous arrivâmes ainsi sous bonne escorte, à 8 heures 25 minutes, au village de Buglose.

Là, nous attendaient environ 120 de nos Confrères venus de Bayonne, de Dax, Mont-de-Marsan, Orthez, Pouillon et Saint-Sever. Rangés dans le parc des Missionnaires ou sur le bord de la voie, ils nous souhaitaient une fraternelle bienvenue, et un grand nombre de personnes accourues des lieux circonvoisins et même d'assez loin, semblaient s'unir avec une cordialité touchante à l'aimable réception qui nous était faite.

Là aussi se trouvaient en double haie sur notre passage, d'autres membres de notre famille, et ce ne sont pas les moins aimés, des pauvres, des infirmes, des malades, qui s'étaient rendus ou s'étaient fait transporter des contrées d'alentour pour assister à cette fête et y prendre la part qui leur en revenait.

Bientôt, nous fûmes rendus au devant de l'Église de Notre-Dame de Buglose, près de laquelle s'élève la maison des Missionnaires. Il nous est impossible d'exprimer l'accueil empressé, les soins attentionnés, la paternelle sollicitude avec lesquelles ces dignes prêtres se sont mis à notre disposition, eux et leur charmante demeure, avant et pendant notre séjour à Buglose.

Les vénérables curés de Pouy, de Dax, de Mont-de-Marsan et plusieurs autres ecclésiastiques s'étaient joints aux bons Missionnaires pour nous recevoir et nous aider à accomplir dignement notre pieux pèlerinage.

Le temps lui-même s'était mis à l'unisson d'un si beau jour, ou plutôt Dieu l'avait ainsi disposé comme une faveur de plus à ajouter à toutes celles dont sa Providence attentive se plaît à nous combler.

Cependant nos Confrères avaient hâte d'offrir leur hommage à la Mère de Dieu, aux pieds de cet autel où la piété précoce de saint Vincent-de-Paul l'a conduit, tant de fois en son enfance, s'agenouiller et prier. Bientôt, le sanctuaire et la nef furent remplis de leur foule recueillie, et une première Messe, que nous pouvons appeler la Messe de bonne arrivée, fut dite par M. Gignoux, notre directeur.

Immédiatement après, Mgr. Dupuch monta à l'autel et célébra le saint Sacrifice, pendant lequel les élèves du grand Séminaire de Dax exécutèrent des chants sacrés. Près de 500 hommes prirent part à la sainte Communion.

Pour ceux qui n'en ont été que témoins, c'était un bien touchant spectacle ; mais pour ceux qui, arrivés au terme du voyage, s'approchèrent du banquet de raffraichissement et de paix, c'était autre chose, cela s'appelle le bonheur !

Que ne pouvons-nous le faire partager à tous nos amis, à tous ceux de nos frères qui semblent ignorer encore que le Dieu de la vie et de la vérité habite parmi nous !

Notre-Dame de Buglose ! Vierge Marie, notre Mère ! vos regards se sont abaissés avec complaisance sur ces enfants que vous envoyait votre ancien petit pâtre Vincent, qui vous en a donné tant d'autres ; vous avez ouvert vos bras et votre cœur à ces nouveaux venus ; peut-être avez-vous daigné reconnaître sur leur front et dans leurs âmes, à ce moment si solennel pour eux, quelques traits bien imparfaits de ce Fils de votre tendresse, devenu leur patron, leur protecteur et leur guide.

Et vous, Bienheureux Vincent-de-Paul ! en voyant votre image vénérée aux vitraux de la sainte chapelle, nous n'avons pu nous méprendre, c'était bien vous, et il vous appartient de faire les honneurs de ce pieux sanctuaire. Votre aimable visage nous souriait comme autrefois, comme toujours, de ce sourire irrésistible, qui donnait un consolateur à l'affligé, un protecteur à l'innocence, un asile à l'orphelin, un apôtre à l'ignorance, un refuge au repentir, une mère à l'enfant abandonné, et à toutes les misères humaines une Fille de la Charité.

Il a fallu cependant quitter la chapelle et nous rendre au déjeûner. Au pays de saint Vincent-de-Paul, les merveilles courent sur les bruyères ; c'en était une digne de lui que de trouver le gîte, le couvert et le reste pour 510 convives. Eh bien ! en quelques minutes, tout ce monde a été placé ; notre bon évêque a béni les tables et cette première agape s'est passée au milieu d'une franche gaieté et d'une cordialité préparée par les douces émotions de la matinée.

L'ordre ne s'est pas ainsi établi de lui-même au milieu d'une réunion aussi nombreuse, et pour que toute chose fût à point et en son lieu, il a fallu l'y mettre. Ce serait ici le cas d'en rapporter l'honneur à notre infatigable Secrétaire, à notre dévoué Trésorier, à tous nos Commissaires et Chefs de dizaines qui, pour ne nous laisser manquer de rien, renonçaient volontiers à se servir eux-mêmes : nous ne leur adresserons pas de compliments ; nous connaissons leur préférence pour une autre monnaie : *fraterna dilectio,* une fraternelle affection : cela leur suffit, et ils ont bien raison.

Midi allait sonner ; la maison des bons Missionnaires s'est ouverte pour recevoir les Membres du Conseil central, qui sont entrés immédiatement en séance.

Après la prière d'usage et la lecture d'un chapitre de l'*Imitation*, M. le Secrétaire constate la présence des Présidents ou délégués des Conférences ci-après :

Bordeaux, Dax, Marmande, Mont-de-Marsan, Bayonne, Libourne, Saint-André-de-Cubzac, Barsac, Toulenne, Nérac, Cadillac, Monségur, Ivrac, la Bastide, Pouillon, Agen, Saint-Émilion, Bègles, Blaye et Saint-Sever,

Auxquelles ont bien voulu se joindre des délégués des Conférences de Tonnay-Charente, Tours, Niort et Luxé.

M. le Président du Conseil central adresse à la réunion quelques paroles dont voici la substance :

« Nous avons à nous occuper, Messieurs, du Conseil
« central de Bordeaux. Jamais on n'aura fait ses affaires
« en si bon lieu ni en meilleure compagnie. Vous connais-
« sez tous le but que s'est proposé le Conseil général de
« Paris, en créant des Conseils de cette nature, dans
« chacun des grands centres de la France. Il s'agissait
« surtout de relier entr'elles les différentes Conférences
« de chaque province ; de rendre plus fréquents, plus

« faciles et plus affectueux les rapports de tous et de
« chacun des membres de notre grande famille.

« Le Conseil central de Bordeaux fonctionne depuis
« un peu plus de deux ans; s'il a fait quelque bien, il le
« doit après Dieu, surtout, aux Membres de son Bureau,
« dont le zèle a suppléé à l'absence souvent, à l'insuffi-
« sance toujours de son Président.

« Toutefois, Messieurs, nous avons pensé qu'il y
« avait encore quelques progrès à faire, quelques amé-
« liorations à obtenir. M. Laroque, l'un de nos Vice-
« Présidents, a bien voulu se charger de vous dire ce
« que nous avons à vous proposer pour y parvenir. »

Cédant à cette invitation, M. Laroque a fait connaître la nouvelle organisation donnée au Conseil central de Bordeaux, par suite de la promulgation du règlement relatif aux Conseils centraux.

Huit Conseillers résidants ont été nommés à Bordeaux, à la place des Présidents des Conférences de la ville, qui cessent de faire partie de ce Conseil, attachés qu'ils sont déjà au Conseil particulier.

Il résultera de cette combinaison que les uns, exonérés d'un surcroît de sollicitudes et d'occupations, pourront consacrer tous leurs soins à leurs Conférences, et que les membres nouveaux du Conseil central, dégagés de tout autre service, auront à dévouer leur zèle aux intérêts des Conférences de la circonscription.

Dans cette circonscription elle-même, il a été fait quelques modifications jugées opportunes, et il en est donné connaissance à la réunion.

Le Bureau reste le même à Bordeaux, pour les deux Conseils.

On espère qu'ainsi établi, le Conseil central fonctionnera d'une manière plus régulière; il se propose de tenir séance tous les quatrièmes mardis de chaque mois à 7 heures $\frac{1}{2}$ du soir, au Secrétariat de la Société, rue Saint-Christoly, 8, et on verrait avec bonheur que nos chers Conseillers du dehors, vinssent de temps en temps par eux-mêmes ou par leurs délégués, nous aider de leur concours et de leurs lumières.

A cette occasion, on rappelle aux membres de la circonscription que la nécessité d'un local, de la correspondance, des circulaires, etc., etc., entraîne une dépense que l'on s'attache à modérer avec beaucoup d'économie, mais dont il est impossible de s'affranchir; et il leur est fait une invitation spéciale d'y apporter leur part contributive, qui, selon l'usage suivi à l'égard du Conseil général, est du centième des recettes des Conférences.

La réunion donne son assentiment à cet avis et témoigne de son intention de s'y conformer.

Deux recommandations essentielles sont ensuite renouvelées à nos confrères, pour être assurés du maintien et de l'heureux développement des conférences qu'ils sont appelés à diriger.

La première, de n'admettre jamais et sous aucun prétexte dans la Société de Saint-Vincent-de Paul, que des hommes ou des jeunes gens ayant donné des gages certains de leur foi pratique; de ne pas se contenter à cet égard des espérances mêmes les mieux fondées; de ne faire céder cette règle devant aucune considération même la plus louable dans ses intentions; nul ne saurait entrer dans notre Société s'il n'est déjà en dedans de la religion, et pour peu qu'il soit en dehors, il faut attendre ; le bon Dieu saura bien ménager une occasion ou une grâce à sa bonne volonté. Notre zèle contribuera à surmonter les dernières hésitations, et nous serons assurés d'avoir acquis un bon confrère lorsque nous aurons gagné à Dieu un bon chrétien.

La seconde recommandation se rattache étroitement à la première, car elle indique le moyen le plus efficace de suppléer à l'insuffisance de notre pauvre fonds qui s'épuiserait bien vite, si nous n'avions recours en tous temps et toujours au souverain dépositaire de tous les trésors, et au divin dispensateur de tous les dons. Ce moyen, c'est la prière qui doit ouvrir et clore toutes nos réunions, précéder toutes nos résolutions ; la prière prépare le bien et c'est elle encore qui l'accomplit ; la prière, en un mot, est la semence de toutes les bonnes œuvres comme la charité en est le fruit.

Malheur à nous si nous venions à substituer à ce puissant levier notre initiative personnelle ! nos faibles efforts seraient bientôt frappés d'une complète stérilité. Ah ! plutôt, à l'exemple de notre saint Patron, demandons tout à Dieu et demandons-lui sans cesse : conseils salutaires, bonnes pensées, sentiments dévoués, heureuses inspirations, ressources abondantes : que pourrait-il nous refuser puisqu'il se donne lui-même à celui qui le prie avec un peu d'amour et d'humilité ?

Après avoir prêté son attention aux paroles de notre vice-Président, la réunion a reçu la proposition d'agrégation des trois Conférences nouvelles de Saint-Pardoux, de Nérac et de Toulenne : les deux premières du diocèse d'Agen et la dernière du diocèse de Bordeaux. Les présidents ou délégués de ces Conférences ont rendu compte de leur situation ; puis, le Conseil s'en est remis à son Bureau du soin d'en faire un examen plus attentif, en remarquant comme un heureux augure pour leur avenir, la circonstance et le lieu où ces demandes ont été faites.

M. le Directeur a exprimé le regret de ne pouvoir, à cause de la brièveté du temps, nous adresser quelques-unes de ces paroles qui renferment toujours pour nous de si sages conseils et de si utiles enseignements ; il a terminé la séance par la prière, et les membres du Conseil sont allés rejoindre la foule de nos Confrères dispersée dans les allées du parc, se livrant à d'affectueuses causeries ou à d'agréables promenades.

A une heure, tous nos Confrères se sont groupés sur le même point, sous les ormeaux ; les uns assis sur l'herbe, les autres debout ou adossés aux arbres de ce lieu charmant, tous mêlés et confondus, prêtres, missionnaires, laïques, les rangs pressés, le cœur attentif et faisant cercle autour d'une table à laquelle a pris place notre bon Évêque Mgr. Dupuch, ayant à ses côtés notre Directeur et notre Président.

Le silence s'est fait, et M. de Noaillan, président du Conseil central de Bordeaux a pris la parole en ces termes :

Monseigneur,

Messieurs,

Aux vives émotions d'un pélerinage, dont nos cœurs appellent la douce réalisation, à cette bonne journée, véritable oasis des chagrins de la vie, où l'on voudrait s'établir et rester; à ces heures trop courtes, mais bien délicieuses, c'est vainement sans doute que nous nous efforcerions d'ajouter quelque chose.

Auprès du souvenir présent en ces lieux plus qu'ailleurs, d'une sainteté si merveilleusement efficace, que valons-nous, Messieurs et chers confrères? Que sommes-nous? Tous, ou presque tous, il faut le reconnaître, à peine sommes-nous des enfants, parvenus tout au plus à épeler le beau nom de Charité.

Et, cependant, si peu dignes que nous soyons d'une aussi noble descendance, puisque nous venons visiter pieusement le berceau de notre saint aïeul, essayons d'y chercher quelques leçons utiles et quelques pratiques enseignements.

Sous le règne du bon roi Béarnais, ici, aux lieux où nous sommes, dans cette solitude, où loin des hommes on est plus près de Dieu, un pauvre habitant de ces bruyères, né là-bas à l'ombre de ce clocher, jetait un jour de douloureux regards sur toutes les dévastations et toutes les infortunes que l'égoïsme, l'ambition, la guerre, les autres malheurs du temps avaient semés autour de lui sur le sol de la France.....

En fait de misère, Messieurs, rien de nouveau sous le soleil.

Depuis l'heure où, prenant nos premiers parents pour complices, Satan, le grand patriarche des révolutions, tenta de détrôner Dieu, ou de partager avec lui;..... toujours les mêmes convoitises, les mêmes orgueils, les mêmes révoltes ont mérité les mêmes souffrances et les mêmes expiations !

Justement ému du mal immense qui débordait alors de toute part, Vincent-de-Paul se lève à la voix de Dieu, quitte son pays, et part pour aller simplement étonner l'Univers par les travaux de son zèle apostolique.

Et vous connaissez tous, Messieurs, cette vie si longue, si laborieusement remplie. Vous savez comment Vincent-de-Paul sécha plus de larmes, que nul conquérant n'en fit jamais répandre; comment à sa voix, toute infirmité trouvait un soulagement, toute pauvreté une aumône; comment son génie créait des hospices, des asiles de tout genre; fondait les sociétés, les congrégations religieuses, et multipliait à l'infini tous ces monuments de charité, moins surprenants, peut-être, par leur invention que par leur réussite et par leur durée.

Mais, pour accomplir tant de prodiges, quelles étaient donc ses armes, à ce vigoureux athlète ? De quels moyens puissants, de quelles ressources intarissables disposait-il donc, cet humble prêtre, sans renommée,.... sans aïeux,.... sans fortune,.... qui ne possédait même pas la santé,.... le premier et le plus vulgaire de tous les biens ? Aux yeux des hommes, il n'avait rien !... Aux yeux de Dieu, il avait tout ! Il avait ce levier, appuyé sur le ciel, qui soulève le monde ! Il avait la foi !

Étant connu, ce divin moteur, on s'incline,... on admire,... on s'étonne toujours;..... mais on s'explique au moins qu'un corps aussi souffreteux ait pu suffire aux exigences d'un tel zèle, et pendant plus des trois-quarts d'un siècle...., ne se reposer jamais que par de nouveaux et continuels labeurs.

Depuis l'enfant trouvé des carrefours qu'il réchauffe, jusqu'aux fils de grandes maisons qu'il instruit, depuis les paysans les plus incultes qu'il évangélise jusqu'aux conseils de ses rois, où il est appelé, Vincent-de-Paul atteint à tout..., travaille modestement et noblement à tout.

Clichy-la-Garenne, Chatillon-les-Dombes, Étampes, Mâcon, Orléans, la Lorraine, la Picardie, la Champagne, la moitié de la France, sont régénérées par lui, transfigurées, ou sauvées de la famine. Tunis l'a vu dans l'esclavage; mais sa vertu, brisant les fers, enlève en glorieux trophée un renégat et sa conversion. Plus tard, prisonnier volontaire, Bordeaux et Marseille le verront dans les Galères du Roi, au milieu d'un peuple aussi malheureux que coupable; et des cœurs flétris, desséchés par le crime, s'épanouiront encore et germeront pour le bien, au souffle de ses charitables aspirations.. Rome, qui doit le placer un jour sur nos autels, goûte quelques instants les prémices de ses mérites ; mais bientôt, la ville des grandes misères, comme souvent aussi des grandes vertus, Paris le réclame, et c'est de là, désormais, que dateront toutes ses conquêtes de grâce et de charité.

L'association des gentilshommes, les Dames de l'Hôtel-Dieu, les Retraites spirituelles, les Conférences ecclésiastiques, les Séminaires, les exercices des Ordinands, les Missions, la réforme et la direction des Communautés, les Hôpitaux, les Hospices de galériens, d'aliénés, d'enfants-trouvés, de vieillards, tels sont les brevets glorieux de notre infatigable ouvrier; et, comme couronnement à son œuvre, il sut trouver et réaliser deux admirables, deux surhumaines créations : les Pères de Saint-Lazare et les Filles de Charité!

Les Lazaristes!... En parler dignement est difficile. Mais leurs Missions de France, de Corse, d'Italie, de Pologne, d'Irlande et d'Afrique, au temps même de leur saint fondateur; mais les vingt-deux Prélats qu'ils donnèrent alors à la France; et, de nos jours, les archives de nos diocèses, les ambulances de Crimée, les Annales de la Propagation de la Foi, tout cela parle haut, et dit où se trouvent des prêtres zélés, instruits, éminents, de généreux apôtres et les plus intrépides martyrs !

Et vous, nobles Filles de Saint-Vincent-de-Paul ! véritablement sœurs et mères, de par la charité ! qui peut connaître le nombre de vos dévouements et de vos sacrifices ? Seuls, les Anges, au Ciel, tiennent le compte de toutes vos vertus ! Dieu, dont vous êtes les anges sur la terre, vous réserva toujours de grandes et saintes destinées ! Vos blanches cornettes ont vu s'incliner de respect le fanatique turban des infidèles, ou plutôt les infidèles du turban; car le turban s'en va.... Et dans ces plages lointaines où la femme esclave est dégradée, ô vierges chrétiennes, votre douce apparition, parmi l'auréole de la gloire Française, n'est-elle pas l'étoile de la civilisation qui se lève encore sur l'antique Orient, d'où nous vint autrefois la lumière ?

Voilà bien en raccourci, Messieurs, les œuvres de saint Vincent-de-Paul; elles traversent les peuples et les âges, parce qu'elles sont des œuvres de Foi, que la Foi seule peut concevoir, enfanter et perpétuer. Bénissons Dieu d'avoir daigné faire naître et choisir dans nos Landes cet incomparable instrument de sa miséricordieuse bonté.

Et nous, Messieurs et chers Confrères, nous, les plus petits et les derniers venus d'une aussi nombreuse lignée, nous qui voudrions être comme une humble bouture du bel arbre de charité planté par Vincent-de-Paul, pour ombrager la terre; quels sont donc à nous, notre but, notre objet, notre mobile et nos moyens d'action ?

Suffirait-il que nous soyions seulement des économistes

plus ou moins habiles, des humanitaires, des philanthropes plus ou moins sincères ; mais tous, ou à peu près, également impuissants ? Mon Dieu, il se fait tous les jours de superbes discours, de fort beaux livres, des essais très-généreux en faveur de toutes les indigences. Mais est-on parvenu encore à les abolir, ou même à les atténuer ? Le mal et ses progrès, tous le voient et le constatent ; mais la cause, mais la racine du mal, combien peu savent ou veulent la trouver ? Et pourtant, Messieurs, des statistiques, des revues, des théories, des systèmes, tout cela est un régime bien peu tonique pour refaire le tempérament délabré de nos Sociétés modernes.

Passées de mode, il est vrai, l'incrédulité, l'impiété du dernier siècle, nous ont laissé un lamentable héritage de démolition et de ruines.

Le temps n'est plus sans doute, aux grandes injustices, aux grandes haines contre la Religion... Mais il y a calme plat, atonie complète, indifférence générale pour tout ce qui dépasse un certain horizon. Les choses du ciel et de l'éternité, qui donc s'en met en peine ? Qui daigne s'en occuper aujourd'hui ? Le culte du bien-être, des intérêts matériels, n'est-il pas le symbole le plus réel des croyances actuelles ?

Déshabitués de l'élément divin, source unique et féconde de toute vertu et de tout devoir, les intelligences, les esprits et les cœurs, s'inclinant vers la terre, se sont voués aux jouissances d'un luxe exagéré ou impossible. Grands et petits, tous se sont rués à fond de train vers les autels d'un Dieu nouveau, qui n'a pas même un nom Français.... On l'appelle.. *Comfort !..* Mais c'est un Dieu très-excentrique, peu accessible de son naturel ; il ne se révèle qu'à un fort petit nombre d'adorateurs ; seulement, il procure libéralement une plus grande infortune à tous les pauvres fous, dont les efforts désespérés sont inhabiles à mériter ses faveurs.

De là, le déclassement général de la société, où nul n'est content de son lot, nul ne veut plus faire ce que ses pères faisaient avec honneur ; de là, l'oubli des anciennes traditions, des joies et des vertus de la famille ; le règne universel de l'égoïsme, de la vanité, du plaisir ; la dépopulation des campagnes, l'envahissement, outre mesure, des villes ; et, comme conséquences nécessaires et menaçantes, le flot du paupérisme qui monte.... et monte... toujours !

Devant d'aussi tristes symptômes, faudra-t-il donc courber philosophiquement la tête et confesser avec douleur... qu'il n'y a plus de remède ? Non Messieurs.... Il en est un.... un seul ! Vieux comme le monde, il n'a rien perdu de sa toute-puissante efficacité. Ce remède... nous l'avons trouvé dans la vie et dans les œuvres de saint Vincent-de-Paul ; c'est encore et toujours, la Foi ! La Foi !... cette divine agriculture de l'âme ! Et Dieu a daigné nous accepter, Messieurs, pour en être les laboureurs !

A nous donc de prendre ce germe presque oublié ; à nous de le semer avec soin, de le cultiver sans relâche, d'en activer le fruit autour de nous, au-dessus, au-dessous de nous, partout ; si nous ne voulons pas que la France décline.

A nos égaux, offrons le bon exemple de toutes les vertus chrétiennes pratiquées simplement, franchement, sans peur comme sans reproches ; afin que nous trouvant sans cesse modérés dans nos goûts, désintéressés, indulgents, résignés, pieux, chastes, doux et dévoués à nos frères, eux aussi, quelque jour, ils éprouvent le désir, le besoin, de faire comme nous, et que tous, alors, nous réparions auprès du peuple, les exemples mauvais, qu'il n'a que trop souvent reçus d'en haut.

Pour ceux qui nous sont inférieurs, oh ! c'est ici, Messieurs, que nous en appelons aux traditions charitables de saint

Vincent-de-Paul ! Comme lui, donnons aux indigents respect, affection, soins assidus, patience et persévérance ; mettons au service de leur détresse, toutes les ressources, toutes les inventions de notre charité. Mais aussi, comme lui, soignons par-dessus tout, leur âme ; ramenons-les à Dieu, pour les moraliser ; à leurs destinées futures, pour les consoler ; enseignons-leur le seul moyen de supporter, d'utiliser, de sanctifier leur pauvreté.

Comme Vincent-de-Paul, trouvons honneur et joie à nous entourer des enfants du pauvre, à les instruire, à les cultiver, à les aimer ; une caresse au plus petit, voila souvent le secret bien facile de toucher, de ramollir des cœurs de pères ulcérés par le malheur.

Ainsi, Messieurs, pour tous les biens que Dieu nous a donnés, nous parviendrons à rendre des croyances qui régénèrent, des pratiques qui réforment, des vertus qui ennoblissent, à ceux qui manquaient de tout, et même de Religion !...

Si nous faisons ces choses, Messieurs et chers Confrères, si nos rangs s'élargissent, si les hommes de bonne volonté viennent à nous pour les remplir, si tous ensemble, nous suivons avec zèle et constance nos règles et nos obligations, si nous nous dépensons généreusement et assidûment dans nos visites de pauvres ou de prisonniers, dans nos patronages d'enfants, d'apprentis, d'ouvriers ou de militaires, dans les saintes familles, les loyers, les vestiaires, les fourneaux, et toutes les œuvres qui nous sont chères ; oh ! croyez-le bien, Messieurs, nous n'aurons pas perdu tout-à-fait cette journée fugitive qui se nomme la vie ; nous aurons bien mérité du ciel et de la terre ; nous aurons contribué, nous aussi, à la paix du monde ; nous aurons travaillé un peu pour le présent, beaucoup, peut-être, pour l'avenir de notre chère patrie !

De cette France que Dieu a tant aimé ; que Dieu aime encore.... parce que, malgré ses erreurs et ses fautes, elle n'a pas renié complètement ses antiques croyances. Vous en avez été les heureux témoins, Messieurs ; et vos cœurs ont tressailli d'espérance, lorsque, dans toutes nos villes et jusqu'au fond de nos campagnes, vous avez assisté aux transports d'allégresse qui ont accueilli la proclamation solennelle et dogmatique de l'Immaculée Conception de la Très-Sainte Vierge..... Et votre sang bouillonne encore, à l'étroit dans vos veines, au récit des travaux immortels des nobles soldats de la France, au 19me siècle, que l'on a vus, en Orient, eux aussi, souffrir....., combattre....., vaincre... et mourir, au besoin.... en héros chrétiens..... en invoquant Marie.... comme nos pères les Croisés.

Oui, Messieurs, quoiqu'il advienne, Dieu le veut ! ! La France sera toujours la France de Marie..., et nous lègueguerons avec confiance à nos derniers neveux, l'heureux accomplissement de cet oracle sorti d'une bouche infaillible :

Regnum Galliæ, regnum Mariæ, non peribit.

Monseigneur, vous avez daignez accepter le commandement d'une pacifique expédition qui est venue dans ces solitudes, faire comme une razzia, de vénérés, de paternels souvenirs ; et planter sa tente entre le sanctuaire de Marie, dont vous fûtes toujours, Monseigneur, un des fils les plus éloquents, les plus tendres, et le Chêne de saint Vincent-de-Paul, qui du haut des cieux voit en vous l'héritier de son zèle et sa vivante personnification.

Soyez béni, Monseigneur, pour avoir marché à notre tête, au milieu de ces sables qui ne sont pas les seuls que les pieds de Votre Grandeur aient évangélisés!

Et vous, les guides, les soutiens habituels de nos efforts

charitables, aujourd'hui les témoins indulgents de nos joies, Ministres bien-aimés du Dieu de saint Vincent-de-Paul! Vous aussi nos Confrères, accourus si nombreux et de loin, à cette fête de famille ; soyez tous les bienvenus dans ce pays, trop peu connu, qui pourtant a ses gloires! dans ce pays que je m'honore (laissez-moi vous le dire) de pouvoir appeler le mien!

Auprès de si chers ou illustres visiteurs, mes compatriotes des Landes voudront bien m'accepter pour l'organe de tous leurs sentiments ; ils retiendront sur leurs lèvres le mot de désertion, prêt à s'en échapper, peut-être, bien assurés que si on consentit à s'éloigner un peu, jamais du moins on n'a cessé de les aimer toujours !!

Enfin, Messieurs, nous manquerions à un doux et facile devoir, si nous taisions notre gratitude sincère pour tous ceux qui ont contribué au succès d'une aussi agréable pérégrination.

C'est bien glorifier Dieu, et se rendre digne de sa protection que d'offrir, part et place à son culte, dans une des plus belles inventions du génie moderne. Pour ajouter aux charmes du voyage, deux des Ingénieurs les plus éminents de la Compagnie, ont bien voulu devenir nos guides, et montrer surabondamment qu'un Chrétien accompli ne renonce pas à rester un homme aussi parfaitement modeste que distingué.

Et cette bonne et fraternelle station où, corps et âme, nous attendait la plus douce des hospitalités! Oh! la mémoire, n'est-il pas vrai, Messieurs, en vivra longtemps dans nos cœurs!

Puissions nous, Messieurs et chers Confrères, avoir recueilli en ces lieux, et emporter avec nous un précieux bouquet de toutes les vertus, dont les pieux missionnaires diocésains décorent et embellissent la chapelle de Notre-Dame de Buglose!!!

Puisse notre chère Société, croître, grandir, s'étendre modestement mais énergiquement, comme ces forêts ignorées et vivaces qui nous entourent !

Et puissions-nous tous, Pontife, prêtres ou confrères, hôtes et pèlerins, chefs de train et voyageurs, tous, nous retrouver un jour avec bonheur, dans le glorieux convoi qui nous mènera droit et vite au Ciel... la permanente Patrie de notre bienheureux Patron !!!

Il ne nous appartient pas d'exprimer l'émotion que nous a fait éprouver ce discours ; notre Président nous interdirait sur ce point la liberté de parler, mais il y a parmi nous une mémoire du cœur où ses paroles sont désormais inséparables de son souvenir.

« M. le Président ayant exprimé à Mgr. Dupuch le désir qu'avait l'Assemblée de l'entendre, Sa Grandeur, malgré son état de souffrance, a cédé à cette invitation avec cette gracieuse bonté devenue en elle comme une seconde nature, et prenant pour texte une parole qui venait d'être prononcée, à savoir, que la foi, et la foi seule, produit les véritables bonnes œuvres, elle a présenté et développé la divine théorie de la charité, fille de la foi, avec tout le charme d'un langage inimitable dans sa suavité, et toute l'autorité d'une vie épuisée au service de ces vertus célestes.

« Nous n'osons pas essayer de reproduire cette homélie touchante et suprême, la dernière, hélas ! qui soit sortie de cette bouche inspirée ; nous ne saurions d'ailleurs y réussir : la parole de Mgr. Dupuch était une effusion continuelle du cœur. Aussi, a-t-elle presque toujours échappé à l'analyse; mais on en était investi et comme inondé d'une manière si douce et si attrayante, qu'on aurait craint d'en perdre le sentiment et le fruit en cherchant à en retenir l'expression.

Jamais il n'a été plus semblable à lui-même qu'en cette journée mémorable; jamais son âme ne s'est épanchée avec plus d'abandon et n'a mieux manifesté les précieux ressorts qui la faisaient agir et parler; il nous semblait voir le double travail d'une grâce particulière qui s'exhalait de cette belle âme et qui pénétrait les nôtres; heureux instants, mais trop rares et trop courts, et cependant qui suffisent pour assurer à ceux qui en profitent une éternité de bonheur et de gloire !

Monseigneur n'eût garde d'oublier que ce jour de notre pèlerinage, l'Église célébrait la fête de saint Paulin, et rapprochant avec un pieux respect cette auguste figure de celle de saint Vincent-de-Paul, il les fit revivre toutes les deux à nos regards, retraçant en connaisseur de la sainteté, les principaux traits de leur ressemblance avec une vérité saisissante, et glorifiant la ville de Bordeaux et le hameau du Pouy, heureux voisins, qui se visitaient si affectueusement en ce jour, d'avoir donné naissance à deux hommes, dont l'un fut si humble dans ses grandeurs, et l'autre si grand dans son humilité, qui, tous deux, portèrent la vertu des vertus, le don de soi-même à Dieu et à tous pour Dieu, à un degré si éminent que, dans l'impuissance de les louer, on se contente de les bénir, de les invoquer et de les aimer.

L'un et l'autre pouvaient-ils avoir un panégyriste plus autorisé, un plus digne interprète que Mgr. Dupuch ?

Nous avions renoncé à rappeler les paroles textuelles du bon Évêque; mais déjà il en a été publié une, et nous ne voulons pas nous reprocher de l'avoir omise : « On « n'a pas élevé, nous a-t-il dit, d'arcs de triomphe pour « vous recevoir ici ; le bronze des batailles n'a point re- « tenti à votre approche, et des sons harmonieux ne se « sont pas fait entendre, il est vrai ; mais des pauvres, « des infirmes, toutes les misères des pays voisins vous « avaient précédées et se sont pressées sur vos pas ; elles « avaient compris que la charité arrivait en ces lieux. »

Monseigneur ayant fini de parler, un de nos confrères a exprimé, au nom de l'Assemblée, la respectueuse reconnaissance de la Société de Saint-Vincent-de-Paul, envers le vénérable Évêque d'Aire, pour l'aimable accueil que Sa Grandeur a daigné nous préparer dans son diocèse, avec un empressement aussi paternel qu'affectueux. Pour donner la mesure des sentiments dont les Membres de la Société doivent être pénétrés envers le digne prélat, il suffit de connaître la bonne lettre qu'il a bien voulu nous adresser, et que voici :

Aire, 10 Mai 1856.

Monsieur le Président,

« Je viens de recevoir la lettre que vous m'avez fait l'honneur de m'écrire, pour m'annoncer le projet d'une nombreuse réunion de vos Conférences, le 22 Juin prochain, à Notre-Dame de Buglose, près du berceau de saint Vincent-de-Paul.

« Je ne veux mettre aucun retard à vous exprimer la vive

sympathie et la particulière satisfaction que m'inspire cette réunion projetée sur le territoire de mon diocèse.

« Une première fois, j'ai eu la consolation de présider une de ces édifiantes réunions de plusieurs membres de vos Conférences, à Buglose. J'aurai le regret, cette année, de ne pouvoir m'y rendre pour y recevoir cette même réunion devenue plus nombreuse, et lui témoigner moi-même les sentiments de haute estime, de respect et de dévouement, dont je suis profondément pénétré pour les hommes qui doivent la composer.

« MM. les Missionnaires du diocèse, en résidence à Buglose, se feront les dignes interprètes de ma pensée en mettant à votre disposition, tout ce dont ils peuvent disposer eux-mêmes. Vous pouvez compter, Monsieur le Président, sur leur empressement à accueillir votre pieuse et honorable visite ainsi que toutes les demandes que vous auriez à leur faire d'avance à cette occasion. Je leur écris pour leur annoncer vos projets et leur donner en même temps toutes les permissions et pouvoirs nécessaires, afin qu'ils puissent, selon leur désir et le mien, donner à votre présence, à Buglose, tout l'agrément et toute l'utilité possibles.

« Je saisis avec bonheur, Monsieur le Président, cette occasion de vous offrir, ainsi qu'aux Membres respectables de vos précieuses et bénites Conférences, les sentiments les plus distingués de respect et de dévouement avec lesquels,

« J'ai l'honneur d'être en N. S.,

« Votre très-dévoué serviteur,

« † Fr. Ad. Ad. *Év. d'Aire.* »

Après la lecture de cette lettre, qui demeurera parmi nous comme une des plus précieuses pièces du procès-verbal de cette journée, Mgr. Dupuch annonce à l'Assemblée la douloureuse nouvelle que son vénérable collègue dans l'Episcopat, Mgr. d'Aire, est tombé gravement malade à Paris, et le recommande aux prières des enfants de Saint-Vincent-de-Paul réunis autour de lui.

La séance s'est terminée comme d'usage par la prière; toute l'assistance était agenouillée sur le sable ou le gazon, et Monseigneur, dans la même posture, cherchait à se rappeler quelle était la prière accoutumée; il le demanda à notre Président, puis se retournant vers nous : « Messsieurs, dit-il avec une expression de bonté péné-« trante, je vous demande la permission d'aller visiter « plus souvent vos Conférences, et je vous promets d'y « apprendre la prière que vous faites, pour ne plus re-« tomber dans la même hésitation qu'aujourd'hui. »

Cette promesse ne sera point vaine; mais ce n'est pas au sein de nos Conférences que Monseigneur viendra désormais : sa prière ne s'élèvera plus de la terre d'exil. Encore quelques jours, et elle descendra du Ciel en bénédictions sur nous; car celui que nous appelions *l'aimable, le bon Évêque*, sera devenu un saint! Cependant, n'anticipons pas sur le douloureux évènement que nous étions si loin de prévoir à ce moment, et suivons le cours de notre intéressante journée.

Quelques instants furent donnés à la promenade et à d'aimables entretiens; puis l'Assemblée se dirigea vers la Chapelle; les Vêpres y furent véritablement chantées. Il semblait que la cérémonie silencieuse et calme du matin avait donné à toutes ces âmes d'hommes, le besoin de se dilater avec transport ; les voix des jeunes lévites ne furent pas les seules qui se firent entendre dans le Sanctuaire de Notre-Dame de Buglose ; les actions de grâces de ses enfants pèlerins retentirent aussi, mesurées et sonores, et l'écho de ces voûtes sacrées nous renvoyait la magnifique harmonie des mêmes psaumes qu'avait chantés jadis, au même lieu, la bouche de Vincent-de-Paul.

Par un nouveau témoignage de sa sollicitude pour nous, notre saint Patron confia à un de ses enfants de prédilection, le P. Truquet, supérieur des Lazaristes de Dax, le soin de nous distribuer le pain de la parole sainte.

Nous nous bornerons à reproduire l'exorde de son discours ; il en résume toute la pensée, et cette pensée répondait bien à la circonstance qui nous réunissait autour de sa chaire. Ayant pris pour texte cette parole de saint Jean : *Deus charitas est*, Dieu est charité, l'orateur chrétien l'a développé ainsi :

« Le véritable esprit de Dieu n'est, à proprement
« parler, ni l'esprit de prudence qui fait les politiques,
« ni l'esprit de prévoyance qui fait les sages, ni l'esprit de
« science qui fait les docteurs, ni l'esprit de miracle qui
« fait les thaumaturges, ni l'esprit de prédiction qui fait
« les prophètes, ni l'esprit de zèle qui fait les apôtres,
« ni même enfin l'esprit de force qui fait les martyrs ;
« non : le véritable esprit de Dieu, c'est la charité, parce
« que c'est la charité qui le caractérise éminemment, et
« qui est comme sa vertu dominante et suprême. Il n'est

« dit nulle part dans nos saintes Écritures que Dieu n'est
« que sagesse, prudence, prévoyance, force et lumière ;
« mais au contraire, quand l'Apôtre bien-aimé a voulu
« réunir et confondre dans une seule perfection toutes
« les perfections divines ; quand il a voulu faire rayonner
« dans un seul et unique centre tous les éclats de la gloire
« de Dieu, il s'est écrié : Dieu est charité, *Deus charitas*
« *est.*

« Aussi, là est le véritable esprit de Dieu, l'esprit de la
« vraie religion, là où est l'esprit de charité.

« Aussi cet esprit de charité fut-il par excellence l'es-
« prit de Notre Seigneur Jésus-Christ. Témoins ces pro-
« diges dont l'Évangile nous montre à chaque page les
« images touchantes, et dans lesquelles on ne sait ce
« qu'on doit le plus admirer ou de la charité qui éclaire,
« convertit, pardonne et console, ou de la charité qui
« rend la vigueur et la vie à des organes affaiblis, para-
« lysés ou frappés de mort.

« Mais la charité n'a pas encore accompli sa mission
« sur la terre : entrée dans le monde avec l'Homme-Dieu,
« formée à son école, héritière des maximes de son
« esprit ; depuis dix-huit siècles nous la voyons, cette
« noble fille du Ciel, régner parmi nous pleine de grâce,
« de force et de suavité.

« Nous l'avons admirée dans tous les saints et en par-
« ticulier dans saint Vincent-de-Paul, dont la vie toute
« entière s'est passée, comme celle de son divin maître et
« modèle, N. S. J.-C. à faire le bien : *Pertransiit benefa-*
« *ciendo.*

« Béni soit Dieu qui nous la fait admirer aujourd'hui
« dans cet illustre Pontife, l'image vivante, l'apôtre,

« j'allais dire, le martyr de la charité ; dans cet ancien et
« premier Evêque d'Alger, dont les œuvres rediront à
« jamais sur cette terre d'Afrique, si souvent arrosée de
« ses sueurs, fécondée des travaux de son zèle et de
« son amour : Dieu est charité : *Deus charitas est.*

» Pour moi, je l'admire aussi dans votre œuvre, dans
« l'œuvre des Conférences de Saint-Vincent-de-Paul,
« dans ces œuvres où tout est divin, parce que tout y
« est charité, soit que je la considère dans son origine,
« dans ses fins et dans ses moyens.

« Puissé-je, en vous rappelant ces vérités, glorifier
« par mes faibles paroles ce que vous glorifiez si bien
« par vos œuvres ».

Le P. Truquet a tiré de ces principes les conséquences
les plus solides et les instructions les plus pratiques ; il
nous a fait l'honneur d'en puiser un grand nombre, soit
dans notre Manuel, soit dans les circulaires et les rapports émanant des membres de la Société elle-même ; il
avait jugé sans doute, avec raison, que c'était le meilleur
moyen de nous engager à conformer notre conduite à
nos propres conseils.

Le Salut solennel du Très-Saint Sacrement et la bénédiction pontificale de Mgr. Dupuch terminèrent cette
cérémonie.

L'heure du dîner était venue ; il est presque superflu
de redire de ce repas ce que nous avons déjà dit de celui
du matin ; même ordre et un peu plus, car chacun revenait à la place qu'il avait déjà occupée ; même cordialité

et un peu plus encore, car on se connaissait mieux, les voisins causaient avec plus de familiarité, et avaient aussi plus d'impressions à se communiquer.

En vrais pèlerins, cependant, nous ne restâmes pas longtemps à table ; toutes les pensées se dirigeaient vers le hameau de Pouy et le chêne de saint Vincent-de-Paul.

Dès que les grâces furent dites, nos Confrères se répandirent en groupes sur le chemin, se dirigeant vers le point de la voie de fer où le train devait venir les prendre. Le convoi se fit un peu attendre, mais quand on est en pèlerinage, on ne perd pas son temps : quelques-uns de nos Confrères allèrent visiter la petite chapelle et la jolie source qui se trouve au lieu où fut découverte il y a des siècles la statue vénérée de N.-Dame de Buglose. Tous n'avaient pas eu ce précieux renseignement, mais ils s'en souviendront une autre fois ; d'autres en plus grand nombre se pressaient autour de Mgr. Dupuch à qui l'on présentait des enfants à bénir et même plus que des enfants ; puis, venait le tour des médailles et autres objets de dévotion dont on s'était muni à Buglose ; Sa Grandeur ne se refusait à rien, et l'on entendit le bon Evêque assiégé de toutes parts, dire avec un sourire plein de douceur : « Messieurs, je me suis muni de pouvoirs, « mais aujourd'hui je sens que je me fonds en indul- « gence ».

Pendant ce temps, on s'était approché et massé près de la barrière du chemin de fer, lorsque tout-à-coup le chant du *Magnificat* fut entonné et sembla s'échapper à la fois de toutes les poitrines ; on ne peut dire l'effet saisissant que produisit ce chœur improvisé et unanime.

Au *Magnificat* succéda l'*Ave, Maris stella*, dont les dernières strophes venaient à peine de finir, lorsque notre train parut; en cinq minutes nous fûmes transportés à Pouy, et cinq autres minutes nous suffirent pour franchir la distance qui sépare le chêne de la voie.

Je laisse à chacun le secret des émotions qu'il a éprouvées lorsqu'il nous a été donné d'entourer cet arbre majestueux et béni, qui porte au-dessus de son vaste tronc entr'ouvert une couronne si vigoureuse de rameaux et de feuillage. On dirait le symbole des œuvres de Vincent-de-Paul qui ont le double privilége de se multiplier et de rajeunir : assises sur une base universellement respectée, sans distinction de pays, de lois, de mœurs et de croyances, leur racine pénètre partout profondément et leur tige se développe par une sève de plus en plus abondante. Comment expliquer un pareil prodige? Ah ! par une raison bien simple, c'est que tout homme gémit ou souffre, et à ce titre, tout homme a besoin en quelque chose de Vincent-de-Paul.

Mais nous sommes réunis et silencieux ; nous attendons qu'une voix s'élève pour exprimer nos sentiments et notre hommage, c'est un jeune et déjà bien éloquent missionnaire, le P. Baret, Oblat de Marie, qui s'en est rendu l'organe, et voici les paroles qui lui ont été inspirées :

Monseigneur,

Messieurs,

Simple Pélerin comme vous et avec vous, j'étais loin de m'attendre à l'honneur de porter ici la parole. Je ne saurais pourtant me soustraire à une tâche si noble et si séduisante. L'imprévu a ses périls ; il a aussi ses bénéfices : et, en me menaçant de ses écueils, il m'assure un asile dans votre fraternelle indulgence. J'essaierai donc de donner une voix à ce beau spectacle qui se déroule à nos regards ; j'essaierai d'exprimer le sens qu'il renferme, et de réunir, comme en un faisceau, les pensées et les émotions qui s'agitent, en ce moment, au fond de nos âmes.

Deux mots me semblent résumer la signification de ce spectacle. Il y a ici, pour nous tous, un charme et un mystère : un charme suave pour le cœur, un mystère sublime pour l'intelligence.

On dit que, durant de longs siècles, les peuples de l'Orient accoururent en foule dans la vallée d'Hébron, pour s'y reposer à l'ombre de ces chênes, qui avaient abrité l'exil d'Abraham, le père des peuples. Les descendants du Patriarche aimaient à contempler ces arbres séculaires, témoins de tant de prodiges. C'était là qu'avaient retenti les oracles du ciel et ses magnifiques promesses : c'était là que Dieu avait fondé, sur un miracle, cette grande race Hébraïque, qui devait donner au monde son Rédempteur. Les enfants d'Isaac et d'Ismaël saluaient avec joie ce vieux berceau de leurs ancêtres ; ils évoquaient les souvenirs et les traditions antiques, et, en respirant au sein de cette atmosphère natale, ils savouraient ensemble la gloire d'une illustre origine, et les pures délices de la fraternité.

Où sommes-nous, Messieurs? Quel est cet arbre qui nous abrite? Que nous dit ce géant, qui compte sa vie par siècles? Quelle émotion son ombre éveille-t-elle dans nos cœurs? Ah! c'est ici qu'un autre Abraham a déployé sa tente glorieuse et féconde : c'est ici que Vincent-de-Paul a passé ses premiers jours. Cet arbre a vu couler ses jeunes années; il a recueilli ses confidences naïves; il a entendu ses ardentes prières; peut-être fut-il témoin des révélations et des promesses divines. Peut-être ce jeune pâtre, agenouillé à son ombre, vit-il lui apparaître, dans une vision céleste, cette innombrable famille qui devait éterniser son nom. Enfants du Patriarche de l'héroïsme, c'est donc ici votre vallée d'Hébron; ce chêne est pour vous le chêne de Mambré! Quel charme de fouler ce sol, de respirer cet air, de s'asseoir à cette ombre! Quel charme de se reporter aux anciens jours, et de raviver les scènes d'autrefois, en se retrouvant sur le même théâtre! Il semble qu'une douce illusion rende ici le souvenir plus facile, plus saisissant, plus palpable, en effaçant les ombres des siècles, et en faisant du passé un tableau vivant. O fils de saint Vincent-de-Paul, savourez doucement ces joies intimes, que j'essaie en vain de traduire! Saluez avec amour cet arbre, un des plus glorieux qu'ait jamais porté la terre; et, en vous donnant la main sur ce berceau de votre race, comprenez le bonheur d'avoir dans l'histoire un tel père, et autour de vous, une armée immense de sœurs et de frères, héritiers de son nom et de son héroïsme!

Que dire, maintenant, du mystère qui se révèle à nous, dans ce grand spectacle? Ce mystère, éclatant et sublime, c'est le mystère de la grandeur de Dieu dans la grandeur de l'homme. Écoutez : Il y aura bientôt trois siècles, ce chêne projetait son ombre sur un enfant. Cet enfant devint un homme; cet homme a disparu. Le chêne demeure. Il y a dans la nature une multitude d'êtres plus durables que l'homme, qui lui préexistent et qui lui survivent. Auprès de ces existences séculaires, la vie humaine n'est qu'un souffle. Que sommes-nous, comparés à ce chêne? des roseaux fragiles et éphémères. Sans doute, nous prenons, par ailleurs, de magnifiques revanches. Périssables par le corps, nous sommes immortels par l'âme, et, selon le mot d'un beau génie, si l'homme est un roseau, c'est un roseau pensant. Mais, l'unique grandeur de l'homme est-elle dans la possession d'une âme impérissable et d'une pensée à jamais vivante? Non, Messieurs, l'homme n'est pas seulement un roseau pensant, c'est un roseau qui veut, qui sent, qui se meut, qui parle, qui agit; il peut être un roseau puissant en œuvre et en parole; sa gloire et sa grandeur suprême, c'est d'être un roseau divin, c'est de se transformer, entre les mains de Dieu, en un levier tout puissant pour soulever et régénérer le monde! Quand les bourreaux du Christ, insultant à ses angoisses, lui mirent en la main un roseau, en guise de sceptre, ils ne croyaient pas symboliser le plus profond et le plus émouvant des mystères. Le vrai sceptre de Dieu, c'est l'homme! L'homme, avec sa faiblesse et ses fragilités natives, mais l'homme porté par Dieu, soutenu dans ses bras, réchauffé sur son cœur, animé de son esprit, devenu l'organe fidèle et le docile instrument de ses volontés souveraines!.... Voilà le grand mystère qui resplendit ici. Sans doute, ô chêne illustre, tu as vu naître et s'évanouir, dès longtemps, l'humble pâtre qu'abrita ton ombre : la vie de ce pâtre n'est qu'un jour dans ton histoire. Mais cette vie ne s'est éclipsée qu'en apparence. Au ciel, elle rayonne, splendide, et sur la terre, elle se perpétue en se dilatant sans mesure. Tu ne couvres de tes branches qu'un point de l'espace; Vincent-de-Paul a des rejetons sans nombre, qui ouvrent un asile à toutes les douleurs et à toutes les défaillances. Le feu du ciel ou la hache de l'homme peuvent te briser en un instant ; Vincent-de-Paul est à jamais indestructible ; car, ce roseau d'un jour ombrage maintenant le monde, et la main qui pourrait déraciner et arracher sa tige gigantesque, creuserait un abîme que dix siècles ne sauraient combler !

Oui, Messieurs, pour qui sait regarder et comprendre, il y a ici un foyer de révélations éclatantes. Cet arbre vénérable proclame éloquemment les magnificences de Dieu, en proclamant les magnificences d'un héros divin. Ce chêne vaste et antique n'est qu'une faible image de la puissance et de la fécondité merveilleuses de cet humble disciple de l'Évangile, de ce prêtre selon le cœur de Jésus-Christ, de cet apôtre au cœur de flamme, de ce Thaumaturge de l'amour et de l'héroïsme catholique, qui s'appelle saint Vincent-de-Paul !

Je m'arrête, Messieurs ; ce n'est point un discours que je dois vous faire. Votre cœur et votre intelligence sauront bien aller au-delà de ma parole ; et il n'en est pas un seul parmi vous qui ne garde de ce spectacle un souvenir ineffaçable, et qui n'emprunte à ce souvenir, dans les moments d'obscurité et d'épreuve, de plus vives lumières et une indomptable énergie !

Après cette allocution, une courte et fervente prière a été faite au pied du Chêne par Mgr. Dupuch, et suivie par tous les Pélerins. Nous avons salué le Chêne et l'Église encore inachevée qui s'élève sur l'emplacement qu'occupait la maison dans laquelle est né notre saint Patron ; puis, au chant du *Te Deum*, nous avons rejoint nos wagons qui nous déposaient à Bordeaux, à onze heures du soir.

Ainsi s'est terminé notre pélerinage. Cette journée n'a pas été seulement une journée de plaisir, elle a été surtout une journée de salut pour la Société de Saint-Vincent-de-Paul et pour tous ses Membres ; elle l'a été et le sera encore pour d'autres. Nous sommes heureux de pouvoir en produire ici les premiers fruits. Ils ne se sont pas fait attendre, comme on le verra par la lettre suivante du P. Supérieur des Missionnaires de Buglose, en date du 26 Juin dernier, adressée à un de nos confrères :

« Monsieur,

« Nous avions à cœur de vous bien recevoir. Pour
« cela, je vous dirai ingénûment que nous avons fait tout
« ce que nous avons pu, tout ce que nous avons su. Mais,
« comme c'était la première fois que vous veniez en si
« grand nombre, il ne nous était pas facile de tout pré-
« voir. Il est bien des choses qui n'ont pas été comme
« nous l'aurions désiré. Malgré tout, vous avez la bonté
« de me dire que vous avez été contents. Nous sommes
« amplement récompensés des peines que nous nous
« sommes données.

« Votre réunion à Buglose aura produit, me dites-
« vous, un grand bien parmi les Membres de la Société,
« en resserrant les liens qui doivent les unir. Je ne veux
« pas vous laisser ignorer que, de plus, elle a fait ici
« une vive impression. Une foule de nos Messieurs, qui
« n'avaient jamais été témoins du spectacle édifiant d'une
« Communion aussi nombreuse d'hommes, en ont été on
« ne peut pas plus frappés. Le soir même, on m'en a
« présenté un que l'on m'a dit ne s'être pas confessé de-
« puis quarante ans. Le lendemain c'était un autre qui
« en était là aussi. Ils se sont retirés de Buglose l'esprit

« et le cœur bien contents, et j'espère que dorénavant,
« ils donneront le bon exemple dans leur paroisse. Votre
« Société, Monsieur, n'a pas peu contribué à ces heu-
« reuses conversions.

« A l'année prochaine ! Nous serons un peu plus au
« courant de tout ce qu'il vous faut. Vous pourrez venir
« aussi nombreux que vous voudrez. J'ose vous pro-
« mettre que vous serez reçus non pas plus cordialement,
« mais avec plus d'intelligence.

« Veuillez agréer, etc.

» Signé : LAMAISON,

« *Prêtre, Supérieur.* »

Cette bonne lettre n'a pas besoin de réflexions ; nous la livrons à nos Confrères comme la plus douce des consolations ; et aussi comme le plus touchant encouragement à répondre à l'invitation qui leur est faite pour l'année prochaine.

Préparons-nous y de loin, et surtout ne perdons pas de vue dans toutes nos œuvres que, si nous sommes allés cette année recueillir des grâces au berceau de saint Vincent-de-Paul, nous aurons à lui rendre compte, la prochaine fois, de l'usage que nous en aurons fait.

Nous avons, hélas ! à nous rappeler aussi que nous ne retournerons pas tous à Buglose. A côté des joies les plus pures se trouvent les plus douloureuses tristesses. Dans notre ignorance ou notre manque de foi, nous ne comprenons pas les desseins de Dieu, et nous nous demandons avec amertume comment il s'est fait qu'un jour de bonheur fût si voisin d'un double deuil !

Le vénérable Évêque d'Aire et le bon Mgr. Dupuch ne sont plus !

Nous ne saurions pas dire nos regrets, et c'est bien ici que la douleur doit être muette ! Elle n'en est pas moins profondément sentie, et nul ne paiera à leur mémoire un plus sincère tribut de vénération, de reconnaissance et d'amour.

Le premier nous a légué une lettre vraiment pastorale ; le second nous a dévoué sa vie et sa mort.

L'éloge des Pontifes n'appartient pas à nos lèvres ; et d'ailleurs qu'aurions-nous à ajouter à l'oraison funèbre de S. Em. le Cardinal-Archevêque de Bordeaux sur Mgr. Dupuch, l'Évêque de douce mémoire, comme l'appelait Son Eminence, avec tant de vérité.

Et cependant, je me trompe ; nous pouvons y ajouter quelque chose : *Vos autem testes estis ;* nous sommes ses témoins et nous l'avons été jusqu'à la fin ; nous sommes ses témoins, et par ce que nous avons vu, et par ce que avons appris de lui.

Naguère, dans un épanchement intime dont il daignait honorer notre ancienne piété filiale, il nous témoignait son ardent désir de se dépouiller de la dignité épiscopale, pour réunir quelques frères autour de lui, embrasser avec eux la règle et revêtir l'habit de Saint-Augustin, afin de pouvoir servir les pauvres et les aimer en toute liberté : loin d'avoir perdu une seule de ses tendresses pour eux, il ne les séparait jamais de l'amour de Dieu qui le portait à l'immolation et au sacrifice.

Qu'il nous pardonne cette révélation ! qui sait si elle

ne sera pas recueillie et si le Seigneur ne désignera pas des héritiers de cette pensée !

Enfin, nous sommes ses témoins ; car c'est pour nous qu'il a offert pour la dernière fois le saint sacrifice de la Messe, à nous que pour la dernière fois il a distribué la sainte Communion, à nous qu'il a donné sa dernière bénédiction pontificale, à nous qu'il a adressé ses dernières paroles pastorales, avec nous qu'il a fait sa dernière prière publique au pied du chêne de Vincent-de-Paul : touchante fin d'une vie si conforme à celle de notre saint Patron !

Nous disions tout-à-l'heure que notre pèlerinage à Buglose, avait gagné deux âmes à Dieu, la Société de Saint-Vincent-de-Paul peut dire avec une ferme confiance qu'elle a gagné au Ciel deux puissants protecteurs de plus.

Le Rapport qui précède a été lu par M. RABOUTET-CHEVALLIER, *l'un des vice-présidents du Conseil central, à l'Assemblée générale des Conférences de Bordeaux, tenue le 21 Juillet 1856, dans la Chapelle des Jeunes Apprentis, à l'occasion de notre fête patronale, sous la présidence de M. le Curé de Saint-Paul, et à laquelle assistait le R. P.* SOUAILLAND, *de l'Ordre des Frères Prêcheurs.*

L. DE FURGOLE,
Secrétaire du Conseil.

BORDEAUX.
TYPOGRAPHIE DE TH. LAFARGUE, LIBRAIRE,
IMPRIMEUR DE LA SOCIÉTÉ DE SAINT-VINCENT-DE-PAUL,
Rue Puits de Bagne-Cap, 8.

www.ingramcontent.com/pod-product-compliance
Lightning Source LLC
Chambersburg PA
CBHW070709050426
42451CB00008B/559